Ruth Senff

Wege durch ein dunkles Tal

Gedichte und Texte aus Zeiten der Depression

AF176419

Ruth Senff

Wege durch ein dunkles Tal

Gedichte und Texte aus Zeiten der Depression

Impressum

Bibliografische Information der Deutschen Nationalbibliothek:
Die Deutsche Nationalbibliothek verzeichnet diese Publikation in der Deutschen Nationalbibliografie; detaillierte bibliografische Daten sind im Internet über http://dnb.dnb.de abrufbar.

Coverbild: Ruth Senff, 2022

Herstellung und Verlag: BoD – Books on Demand, Norderstedt

ISBN: 978-3-7568-4043-4

Für alle die- und vor allem denjenigen, die und der mir in meiner schwersten Zeit zur Seite gestanden und auf mich aufgepasst haben. Ich bin Euch, ich bin Dir dankbar.

Inhaltsverzeichnis:

Ein kurzes Wort vorab

Wie so viele Menschen in dieser Zeit muss ich mich von Zeit zu Zeit dem schweren, kräftezehrenden Kampf gegen die Depression stellen. Es sind Zeiten, in denen sich mir der Blick auf das Schöne und Bunte, das das Leben zu bieten hat, verschließt und in denen mein Dasein aus Dunkelheit und Schmerz besteht.

Wann immer ich in diesem Kampf gefangen bin, fühlt es sich an, als gäbe es keine Hoffnung, als sei dieser Kampf aussichtslos. Und jedes Mal bin ich erstaunt, dass der Weg durch das dunkle Tal irgendwann endet, dass irgendwann nicht nur ein Licht am Ende des Tunnels zu sehen ist, sondern dass Licht durch die Dunkelheit bricht. Sämtliche Gedichte in diesem Band sind zu unterschiedlichen Zeiten während einer depressiven Episode entstanden.

Mein Wunsch ist es, dem Leser Hoffnung zu machen: Egal, wie dunkel das Tal ist, das wir durchschreiten müssen, egal, wie scharfkantig der Schmerz und wie dunkel der Tag: Es wird besser werden. Wenn auch nur ein Mensch Mut aus diesen Zeilen schöpft, dann ist das Ziel, das ich mit diesem Gedichtband verfolge, erreicht.

Jedem, der diese Zeilen liest, wünsche ich Kraft und Hoffnung, Mut und Zuversicht, egal, wie trübe und schmerzhaft die Zeiten gerade sind. Ich wünsche jedem die Gewissheit, dass auch die dunkelste Nacht einmal vorbeigeht.

Dunkelheit

Dunkelheit,
immerwährende Nacht,
umspielst mit schwarzem Licht und grauen Schatten jedes
Leuchten,
jeden Stern, jeden Sonnenstrahl und jedes Feuer.

Dunkelheit,
deine ohrenbetäubende Stille schluckt jedes Lied,
jeden Gesang des Vogels, das Lachen eines Kindes,
die hellen Töne einer heiteren Melodie, bis kein Ton mehr
dich durchdringen mag.

Dunkelheit,
du trübst den Blick auf jeden Silberstreifen am Horizont,
lässt erlöschen die Macht der Liebe und ertränkst den
Schimmer der Hoffnung,
lässt erkalten und zu Eis werden die Wärme des Glaubens.

Dunkelheit,
du umschließt mich, hältst mich fest in einer hässlichen
Klaue,
mit eisernem Griff nimmst Du mir die Luft zum Atmen
und sitzt bleischwer auf meiner Seele.

Dunkelheit umgibt mich,
wo einst Farben und Töne, Wärme und Licht waren
und lässt die Erinnerungen daran verschwinden
in einer Symphonie aus Schwarz.

Depression

Ein Sonnenaufgang, hell und leuchtend -
versteckt hinter dunklen Regenwolken.

Ein Regenbogen, schillernd, bunt und farbenfroh -
unkenntlich durch den undurchsichtigen Schleier eines
Unwetterregens.

Ein Lied, harmonisch und fröhlich, voller Rhythmus und
guter Laune -
übertönt von dem kreischenden Lärm, mit dem die Seele
zerreißt.

Abendrot, ein Himmel schillernd in den Farben des
Versprechens auf einen neuen sonnigen Tag -
erdrückt durch immerwährende Dunkelheit.

Ein Blumenstrauß, leuchtende Farben, sanfter Duft -
zerstört durch einen Eimer schwarzer Farbe.

Ein Lachen, hell und fröhlich, von Herzen kommend,
einladend -
erstickt durch die Flut heißer Tränen, die sich Wege suchen.

Ein Gefühl von Hoffnung, silbern am Horizont, Mut
machend für den nächsten Schritt -
verwandelt in eine Sackgasse, aus der es keinen Ausweg gibt.

Liebe, wärmendes Gefühl voller Kraft und Trost -
verwandelt in ein Gefühl der Gefühllosigkeit, kalt und
indifferent.

Das Monster der Depression -
es zerstört die Welt, wie du sie kanntest und
lässt dich zurück in einer kalten, schwarzen, einsamen Ödnis.

Der Himmel weint

Du bist gegangen,
überraschend, völlig unerwartet.
Niemand kannte Dein Leiden, niemand die Qual,
die Du gefühlt hast.

Uns trifft der Verlust so unerwartet und schwer -
am Abend ein „ich liebe Dich, bis morgen" -
nur, der Morgen kam für Dich nicht mehr.

Du bist gegangen,
heimlich und leise,
still und ohne Warnung.

Für Dich Erlösung,
für uns Verlust.
Für Dich Frieden,
für uns Chaos.
Für Dich Dein Weg,
für uns das Ende eines solchen.

Selbst der Himmel weint,
beweint Dein Gehen,
die Lücke, die Du ließest.
Beweint den Schmerz,
den nur alleine Du trugst und
der nun unserer ist.

Beweint den Menschen,
der nie mehr wird diese Erde beschreiten,
nie mehr lachen, nie mehr weinen wird,
der nie mehr wird zärtlich eine Hand halten,
nie mehr ein Lächeln wird bezeugen.

Der Himmel weint
ob des Schmerzes, den Du allein getragen hast,
weint, als trage er ihn nun für Dich,
als verteilte er die Tränen,
die Du nie hast weinen können.

Du fehlst,
fehlst an allen Ecken, allen Enden.
Dein Lachen fehlt, Dein wacher Geist.
Niemand wird jemals in Deine Fußstapfen treten können,
niemand wird jemals Deinen Platz nehmen.

Der Himmel weint,
beweint den Schmerz, den Du fühltest,
und beweint den Schmerz, den Du zurückgelassen hast.

Hoffnungslosigkeit

Hoffnungslosigkeit -
Schleier aus ewigem Grau.
Gedanken von Angst und Zweifel
übertönen jedes ermutigende Wort.
Kälte greift nach der Seele
und lässt ersterben jeden Funken des Glücks.
Jeder Tag ist dunkel und trüb,
die Farben weichen einer Melange aus eiskaltem Grau.
Dunkelheit erfüllt jegliche Gedanken
und verbietet den Blick auf ein besseres Morgen.
Das Tal scheint endlos,
der Weg steinig und steil,
das Ziel so unerreichbar fern.
Eiskalt und grau fühlt auch die Seele sich,
dem Grabe näher als dem Leben.
Und jeden Tag der ewige Kampf -
wer ist stärker, wer gewinnt?
Die Hoffnungslosigkeit
oder der letzte Funke Vertrauen in eine bessere Zukunft?

Das dunkle Gefühl

Kalt,
im Bett
in meinem Zimmer -
hoffnungslos einsam schmerzhaft unverstanden -
tot.

Schwarz
meine Gedanken
in dem Zimmer,
aufwachen mit dem Gefühl -
Trauer.

Schwarz,
entferntes Leben
im fernen Universum
strahlende Sterne, explodierende Sonne -
Unendlichkeit.

Grell,
zerreißt mich
von innen her,
beißend heiß, kreischend grell -
Realität.

Todessehnsucht

Da ist die Sehnsucht, die mich treibt,
Tag für Tag,
die Sehnsucht nach Stille, Ruhe, Grabesstille -
kein „du sollst", „du musst", „du bist nicht gut genug",
„du kannst nicht".

Da ist die Sehnsucht, die mich treibt,
in jeder Stunde,
Sehnsucht nach dem Ende des Kampfes, des Schmerzes,
der ungeweinten Tränen, der Einsamkeit.

Da ist die Sehnsucht nach dem Ende,
alles vorbei,
Schall und Rauch,
das Leben geht weiter, nur ohne mich.

Da ist die Sehnsucht nach Frieden,
mit mir selbst und allen anderen,
nach Versöhnung mit der Vergangenheit,
den ungenutzten Chancen,
den vertanen Möglichkeiten, dem Scheitern.

Da ist die Sehnsucht, nicht mehr kämpfen zu müssen,
nicht um Liebe, nicht um Anerkennung,
nicht um Kraft für jeden Tag,
nicht um neue Chancen,
nicht um meinen Platz im Leben.

Es wäre so einfach -
ein Schnitt, ein Sprung,
vorher ein Brief -
Ende, aus, vorbei.

Was mich hält?
Vielleicht der letzte Funke Hoffnung
und der Glaube daran,
dass doch noch etwas auf mich wartet,
am Ende des dunklen Tales.

Glaubenssätze

Oft gehört, niemals vergessen,
lange klingen sie in uns nach.
Gefühlte Wahrheit, bar jeder Vernunft,
werden zu Erfahrungen und zu dem,
woran wir festhalten.

Verzerrte Wahrheit,
gefärbt von falschen Überzeugungen,
wird sie uns dennoch Richtschnur und
wirkt fort als Grenzen und Steine auf unserem Weg.

Oftmals zerstörerisch, selten hilfreich,
alte Bekannte und trotzdem verhasst,
meist begrenzend und einschüchternd,
selten ermutigend,
fast immer zu wenig, um uns tatsächlich zu beschreiben.

Nicht gut genug - für immer zu wenig - nicht liebenswert
ohne Gegenleistung - nicht hübsch genug - zu dumm –
Du kannst das nicht - das wird nie etwas - der Weg kann nur
so beschritten werden - gehe nie nach links, nur nach rechts –
hör' auf den Kopf, nie auf das Herz - Träume haben keinen
Platz - was zählt ist, alleine, der Erfolg - immer höher, nur
nach oben.

Was liegt hinter diesen Sätzen?
Welche Zukunft wartet auf uns, wenn wir uns erlauben, die
Grenzen dieser Sätze zu überwinden?

Wohin können wir gehen, wenn wir nicht mehr an den Inhalt
von Sätzen glauben,
sondern an das, was tatsächlich in uns ist?

Unbegrenzte Möglichkeiten - Freiheit - Sieg!

Gedankenchaos

Gedanken rasen,
drehen sich im Kreise,
halten fest an dem, was uns nicht weiterbringt,
gehen zurück zu dem, was war und nicht zu ändern ist -
warum - wieso - weshalb, immer wieder, immer neu.

Gedanken kreisen,
schnell und schneller,
was ist wenn, vielleicht und doch, ja aber, kann es sein -
zerstören Hoffnung, machen Angst,
werden groß und übermächtig.

Gedanken rasen rennen springen hüpfen kreisen
drehen sich unablässig ohne Ruhe,
meist dunkel, selten freudig,
übertönen sie jedes positive Gefühl,
ersticken Hoffnung, stellen in Frage.

Stopp! Halte an das Karussell der Gedanken,
bringe Ordnung ins Chaos des Gedachten!

Solange man lebt...

Du sagst, so lange man lebt, muss das Leben gelebt werden.
Ich frage Dich: Will ich dieses Leben leben?

Du sagst, so lange man lebt, gibt es Hoffnung:
Hoffnung auf Gutes, Hoffnung auf Veränderung.
Ich frage dich: Und was ist, wenn die Hoffnung lange schon
tot ist, wenn ich ohne Hoffnung nicht leben mag?

Du sagst, so lange man lebt, muss man kämpfen.
Ich frage dich: Will ich überhaupt kämpfen? Habe ich nicht
vielleicht meine Munition schon lange verschossen und habe
nichts mehr, womit ich kämpfen kann?

Du sagst, so lange man lebt, kann man nicht aufgeben:
Das Leben will gelebt werden.
Ich frage dich: Hat das Leben mich jemals gefragt, ob ich es
leben möchte?

Jeder Tag ein neuer Kampf,
eine neue Entscheidung zwischen
Leben und Aufgeben,
Weitermachen oder Ende.

Sonnenuntergang

Der Himmel malt ein Bild,
Natur als Künstler,
die Farben warm und fließend,
rot bis orange, gelb bis weiß, blau bis lila,
ein Farbenspiel, künstlerisch, atemberaubend.

Ende des Tages,
nach Stress und Anspannung,
nach Trauer und Leid,
nach Angst und Schmerz,
ein Bild des Himmels,
wärmt die Seele,
lässt Emotionen tanzen.

Abendrot,
das Versprechen auf einen neuen Tag,
voller Sonne, mit wenigen Wolken,
auf einen heiteren Tag,
während das Heute stirbt,
das Licht versiegt.

Die Welt steht still,
Atempause,
ein Abschied, der ein Anfang ist
und sich zeigt
in dem Versprechen auf einen neuen Tag.

Davor, da senkt sich milde die Nacht,
mit ihr der Mantel der Ruhe auf das Leid.
Überdeckt gnädig die Schmerzen des Tages.

Sonnenuntergang,
Abendrot -
das Alte vergeht,
Neues kann kommen.

Trost kann ich schöpfen aus diesem Gemälde,
Trost finden in dem Versprechen auf einen neuen Tag,
einen schönen neuen Tag.

Zufallsfunde

Sonnenschein hinter dunklen Wolken
Ein Lächeln hinter dem Schleier aus Tränen
Hoffnung inmitten dunkler Gedanken
Anerkennung zwischen den Zeilen der Kritik
Mut in Momenten des Aufgebens
Selbstvertrauen nach Niederlagen
Ein freundliches Wort in der Einsamkeit
Ein Moment der Stille im Getöse
Ein Farbtupfer im Grau des Alltags
Ein Windhauch am Tag großer Hitze
Eine ausgestreckte Hand im Meer der Gleichgültigkeit
Wärme in der See aus Kälte
Ein sicherer Ort im Zustand der Verzweiflung
Zuflucht inmitten der Orientierungslosigkeit
Wegweisung im Chaos

Mögest Du sie finden, die Zufallsfunde des Alltags.
Und mögest Du sie immer sehen -
Sonnenstrahlen hinter dunklen Wolken.

Schmetterling

Ich bin gestorben in einem früheren Leben.
Ich war hässlich und haarig und immer unerwünscht.
Menschen wollten mich töten, weil ich ihre Pflanzen fraß -
wovon sollte ich sonst leben? Menschen nannten mich
Ungeziefer und sprachen über das Gift, das mich töten sollte.
Kinder wollten mich fangen, zertreten, zerdrücken, in
Glasbehälter sperren. Ich kroch von Blatt zu Blatt, immer auf
der Hut, immer damit rechnend, dass sie mich töten,
zerquetschen quälen.

Dann wurde es dunkel um mich.
Ich wählte Einsamkeit und Stille, Abgeschiedenheit und eine
selbst gebaute Höhle. Dort konnte ich verschnaufen. Ich
fühlte mich sicher und habe Kräfte gesammelt. Ich habe
geträumt von bunten Blumen, den leuchtenden Farben des
Gartens, Sonnenstrahlen - und von Anerkennung. Ich habe
gezittert, geweint, gebangt, gehofft, geträumt und daran
geglaubt, dass die Zeit der Dunkelheit vorbeigeht.

Und dann bin ich gestorben.
Die Raupe war nicht mehr. Mir wuchsen Flügel, Stück für
Stück. Ich konnte fühlen, wie die Kraft zurückkehrte, die
Energie, das Leben. Stück für Stück habe ich die selbst
gebaute Höhle der Einsamkeit gesprengt, habe immer mehr
Sonnenlicht hereingelassen, habe mich gestreckt, gedehnt, tief
Luft geholt.

Und dann war ich frei - neu geboren.

Ein Schmetterling mit bunten Flügeln, schön und farbenfroh. Ich schwang mich hoch in die Lüfte und fühlte mich frei. Die Menschen lieben mich und freuen sich, wenn sie mich sehen. Sie bewundern mich und fangen Bilder von mir ein mit ihren kleinen Apparaten. Ich bringe Freude und Glück. Ich höre, wie die Menschen sagen, ich sei der Botschafter der Hoffnung. Ich suche mir die bunten Blumen aus und freue mich an Sonne und Farben, Wärme und Düften. Ich tanze mit meinen Freunden und genieß das Leben.

Ich bin gestorben in einem früheren Leben.
Ich war gefangen in Dunkelheit.
Ich bin frei in meinem neuen Leben - ich fliege!

Semikolon

Kein Punkt, kein Ende,
jedoch ein Einschnitt.
Große Pause - Zeit der Besinnung und des Innehaltens.
Danach die Chance
auf ein Weiter, ein Morgen.
Eine Zäsur - das Alte ist vorbei,
verändert, abgeschlossen;
noch nicht bereit für einen Neuanfang,
noch an dem Alten haftend.
Doch immer mit der Chance,
den nächsten Schritt zu gehen,
Aufbruch in Richtung Zukunft.
Ein Zeichen, das die Welt trennt
in vorher und nachher,
früher und jetzt,
Hoffnungslosigkeit und Hoffnung.
Ein Zeichen des Mutes,
denn ich habe nicht das Ende gewählt,
habe lediglich eine Pause gemacht.
Und danach geht es weiter,
irgendwann, in meinem Tempo.

Semikolon,
nicht das Ende,
ein Einschnitt-
und ein Weiter.

Regenschirm

Manchmal prasseln harsche Worte
auf Dich nieder wie ein kalter Novemberschauer.
Kritik, Anfeindungen und Zweifel stürzen auf Dich herab,
Sturzbächen gleich.
Möge jemand Dich mit einem Regenschirm
der Liebe und Anerkennung
vor diesen Schauern bewahren.

Manchmal fallen Worte auf Dich herab,
spitz und hart wie Hagelkörner
treffen sie Deine Seele, verletzen,
lassen erkalten und erstarren.
Möge jemand den Regenschirm
des Mutes und des Trostes über Dich halten,
um Dich vor dem Hagelsturm zu schützen.

Manchmal brennen Worte
wie zu heiße Sonnenstrahlen,
löschen aus das kleine Pflänzchen,
das in Dir wächst.
Möge jemand auch in der stärksten Mittagsglut
einen Schirm über Dich halten,
der Schatten spendet und Schutz Dir gibt.

Mögest Du erfahren,
dass zu jeder Zeit
jemand einen Schirm über Dich hält,
einen Schirm der Liebe,
einen Schirm des Trostes,
einen Schirm des Mutes.

Ja!

Nach dunklen Tagen, erst noch zaghaft, dennoch hörbar:
Ein Ja zu mir selbst - ich bin, ich lebe, ich kann, und ich bin
gut.

Ein Ja zum Leben – anders als geplant, neu und mit vielen
Fragezeichen, dennoch aufregend und mit vielen Chancen.

Ein Ja zu einem neuen Kapitel – ich bin der Autor und kann
bestimmen, ich gestalte und male aus.

Ein Ja zur Zukunft – sie gehört mir, sie ist bunt, sie wird mir
viel Schönes bringen.

Und so wird aus einem Ja, zaghaft und vorsichtig, ein lautes,
deutliches, lebendiges Ja,
ein Ja aufs Leben.

Klang

Ein freundliches Wort,
eine kleine Ermunterung,
ein kleiner Trost,
ein Wort der Freundschaft…

ganz sacht stößt es meine Seele an,
bringt sie sanft zum Vibrieren,
Schallwellen gleich breitet sich das Wort aus,
zieht Kreise, klingt fort,
wird lauter und heller,
klingt nach und setzt sich fort.

Es bringt meine Seele zum Singen,
findet Gehör in meinen Gedanken,
lässt leuchten meine Augen
und wärmt das Herz.

Ein kurzes Wort,
ein sanfter Klang,
zaghaft angeschlagen,
fängt meine Seele an zu singen.

Sie singt,
sie tanzt,
sie tönt und schwingt.

Sie lebt!

Glaube – Hoffnung – Liebe

„Nun aber bleiben Glaube, Hoffnung, Liebe, diese drei,
aber die Liebe ist die größte unter ihnen."

Doch ohne Glauben keine Liebe -
Glaube an die Zukunft,
Glaube an die Liebe,
Glaube an die Hoffnung,
Glaube an mich selbst und an mein Leben,
Glaube an diejenigen, die mich auf dem Weg begleiten.

Mögen wir nie den Glauben verlieren an das Gute im
Menschen und das Gute in dieser Welt.

Ohne Hoffnung keine Liebe -
Hoffnung auf eine Zukunft,
Hoffnung auf erfüllende Liebe,
Hoffnung auf ein Stück vom Glück,
Hoffnung auf ein Morgen, in dem die Liebe gelebt werden
kann.

Denn ohne Hoffnung, da dominieren Angst und Zweifel
und lassen keinen Raum für die Liebe.
Mögen wir nie die Hoffnung verlieren, dass es sich lohnt
zu lieben und zu leben.

Ohne Liebe keine Hoffnung,
denn manchmal ist es dieser Funke Liebe,
der uns weitergehen lässt,
der uns das Gute sehen lässt,

der unseren Schritt belebt und
unsere Herzen öffnet,
der uns wärmt und uns die Welt mit anderen Augen sehen
lässt.

Mögen wir nie aufhören zu lieben,
uns selbst, das Leben, die Menschen um uns herum,
damit wir eine Grundlage für Hoffnung und ein Morgen
schaffen.

Ohne Liebe kein Glaube,
kein Glaube an mich selbst ohne Selbstliebe,
kein Glaube an den anderen, ohne dass ich mit Liebe das
Gute in ihm sehe,
kein Glaube an ein Morgen, denn wo keine Liebe ist,
regieren Hass und Gleichgültigkeit
und ein Morgen spielt keine Rolle mehr.

Mögen wir nie aufhören, liebevoll den Glauben zu
bewahren an all das Gute und Schöne,
an das, was in uns, mit uns und um uns passiert.

Und so wünsche ich Dir Glaube, Hoffnung, Liebe.

Aufbruch

Aufbruch-
neuer Mut,
zaghafte Schritte,
neues Ziel, neue Hoffnung-
kraftvoll.

Aufbruch-
nicht verweilen,
einlassen auf Veränderungen,
mit Neugier und Erwartungen-
zielstrebig.

Aufbruch-
fernes Ziel,
noch unerreichbar weit,
beharrlich drauf zu haltend-
mutig.

Aufbruch,
lasse los,
wirf Ballast ab,
unbeschwert in die Zukunft-
hoffnungsvoll.

Aufbruch-
nach vorne,
immer weiter geradeaus,
überwinde Hindernisse, überschreite Grenzen-
beharrlich.

Aufbruch-
jeder Schritt
ein kleiner Sieg,
sich nicht unterkriegen lassen-
triumphierend.

Hoffnung

Hoffnung -
die leise Stimme, die sagt:
„Versuch' es morgen noch einmal!"

Hoffnung -
der Silberstreifen am Horizont,
mit dem nach dunkler Nacht sich der neue Tag ankündigt.

Hoffnung -
ein leiser Ton in einer kreischenden Welt,
nur für dich in dem Moment gespielt, nur von dir gehört.

Hoffnung -
ein tröstender Blick, ein liebes Wort,
eine Berührung fast wie zufällig, die sagen: „Du bist nicht
allein.".

Hoffnung -
ein Lächeln, das Dein Gesicht erreicht,
wenn alles, was Du fühlst, der innere Kampf und heiße
Tränen sind.

Hoffnung -
jemand, der an Deiner Seite steht und Dich daran erinnert,
dass Du mehr bist als die dunkle Zeit.

Hoffnung -
ein Moment der Stille, in dem Dich sanft ein Windhauch
berührt und Dich spüren lässt,
dass Du noch am Leben bist.

Hoffnung -
ein bunter Himmel, gemalt nur wie für Dich, um Dich
daran zu erinnern,
dass es noch viel Schönes gibt in diesem Leben.

Ich wünsche sie Dir, die kleinen Momente der Hoffnung.

Ich bin bereit

Ich bin bereit für ein neues Kapitel meines Lebens,
Regenbogen nach Gewittersturm,
Tautropfen nach einer Sommernacht,
Blütenknospen nach hartem Winter,
Morgenrot nach dunkler Nacht.

Ich bin bereit für einen Neuanfang,
neue Richtung,
neue Träume,
neue Ziele,
neue Pläne,
neue Freunde,
neues Leben.

Ich bin bereit für einen neuen Blick,
auf mich selbst
und auf das Leben,
auf die Menschen, die mir begegnen
und auch auf die Vergangenheit und
auf das, was gewesen ist.

Ich bin bereit für neue Schmerzen,
anders, vielleicht tiefer, vielleicht weniger scharf,
neue Erfahrungen, neue Wunden,
neue Medizin und neue Heilung.

Ich bin bereit für eine neue Liebe,
ein neuer Mensch an meiner Seite,
neue Erinnerungen,
neue Erlebnisse,
neue Geheimnisse
und neuer Spaß.

Ich bin bereit fürs Leben-
Aufregend und bunt,
mal hoch, mal tief,
mal laut, mal leise,
mal schnell, mal langsam,
mal kalt, mal warm.

Ich bin bereit.

Sonnenstrahlen

Strahlend hell durchbrechen sie die Wolken,
tauchen die Dunkelheit in freundliches Licht,
spenden Wärme und lassen Pflanzen blühen -
Sonnenstrahlen nach langer Nacht.

Wo dunkle Wolken Lücken lassen,
brechen sie hindurch,
durchdringen Finsternis und Regen -
Sonnstrahlen nach Regenschauern.

Sie erfreuen Herzen
und lassen Kinder lachen,
ein Lächeln zaubern sie uns ins Gesicht -
Sonnenstrahlen nach Dunkelheit.

Und geben uns eine Botschaft,
die ewige Erinnerung daran,
dass keine Dunkelheit für immer ist -
Sonnenstrahlen als Versprechen.

Und wenn Deine Tage dunkel und grau sind,
wenn Verzweiflung und Angst Dich lähmen,
wenn Zweifel und Hoffnungslosigkeit Dich umgeben,
halte fest an dem Versprechen.

Nach jeder Dunkelheit kommt Licht,
nach jeder Nacht der Tag,
nach jedem Regen Sonnenschein -
Sonnenstrahlen als Mutmacher.